M m
M m

1

2

3

Zu den Fibelseiten 4 und 5:

1. Heraushören des Lautes /m/, Ankreuzen, wenn dieser im Wort enthalten ist
   Heraushören des Lautes /m/ im Anlaut, Inlaut und Auslaut, Ankreuzen
2. Einkreisen der Buchstaben M, m
3. Eintragen der Silbenbögen

1

2

3

Zu den Fibelseiten 6 und 7:

1. Heraushören des Lautes /i/, Ankreuzen, wenn dieser im Wort enthalten ist
   Heraushören des Lautes /i/ im Anlaut, Inlaut und Auslaut, Ankreuzen
2. Einkreisen der Buchstaben I, i
3. Eintragen der Silbenbögen

4

Mi	mi
Mi	

Mi	mi
	mi

5

Mimi

M		m	

Mimi

	i		i

6

Ma

Mi

mi

4. Ergänzen der Silben
5. Ergänzen der Wörter, Schreiben der Wörter
6. Verbinden der Silben zu Wörtern, Schreiben der Wörter

A	a
A	*a*

1

2

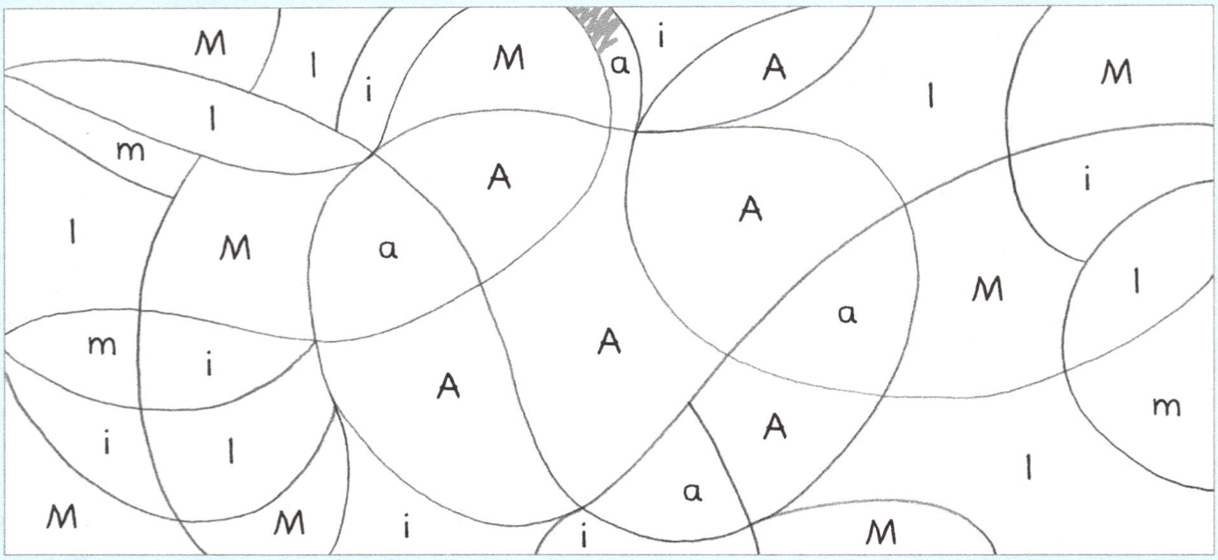

3

Zu den Fibelseiten 8 und 9:

1. Heraushören des Lautes /a/, Ankreuzen, wenn dieser im Wort enthalten ist
   Heraushören des Lautes /a/ im Anlaut, Inlaut und Auslaut, Ankreuzen
2. Ausmalen der Felder mit den Buchstaben A, a
3. Eintragen der Silbenbögen

4

Ma — ma

Mi —

Ma <

5

Mama Mami Mia

M m | M m | M

M

6

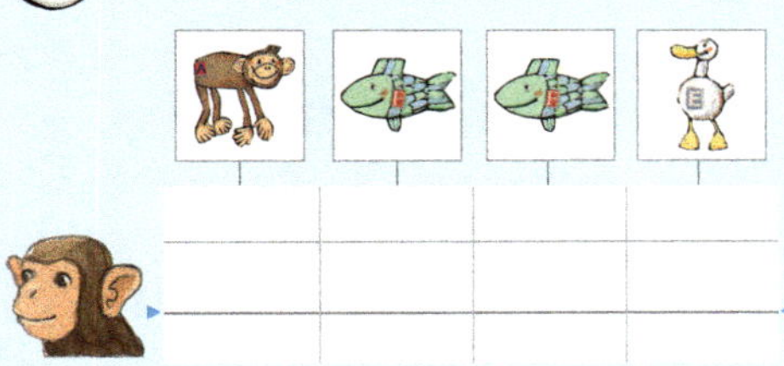

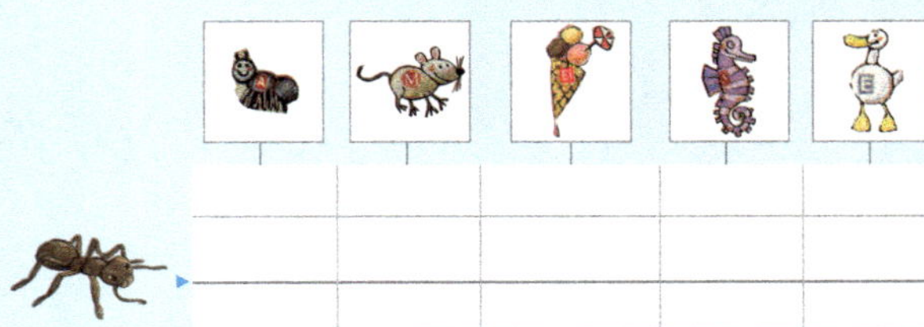

4. Ergänzen der Silben, Schreiben der Wörter
5. Ergänzen der fehlenden Buchstaben, Schreiben der Wörter
6. Schreiben der Wörter mit der Lauttabelle

ist

1

ist – im – am

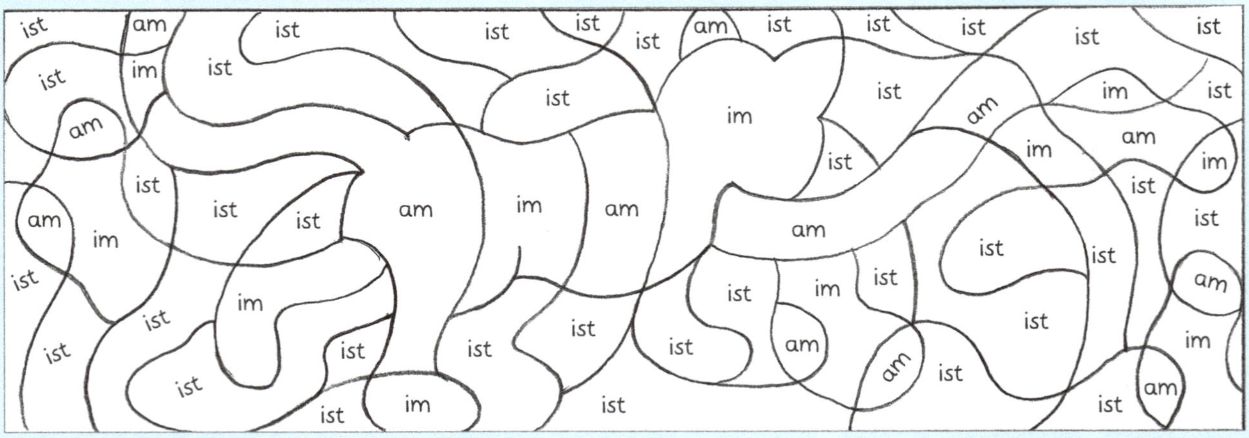

2

Mama ist im  . ☐ ☐

Mimi ist am  . ☐ ☐

Mia ist im  . ☐ ☐

3

 *Mimi* ist *im*  .

 *Mama* ist ________  .

 *Mia* ist ________  .

Zu den Fibelseiten 10 und 11:

1. Ausmalen der Felder mit den kleinen Wörter *ist, im, am*
2. Ankreuzen der Sätze mit *richtig* oder *falsch*
3. Ergänzen der Sätze

4

Mia ist im  .

Mia ist im  .

Am  ist Mimi .

 ist .

Mama ist am  .

ist  .

5

Mimi ist im .

ist .

4. Nachspuren der Sätze, Abschreiben der Sätze in der Zeile darunter
5. Schreiben mit der Lauttabelle, Abschreiben des Satzes

P	p
P	*p*

1

2

3

Zu den Fibelseiten 12 und 13:

1. Heraushören des Lautes /p/, Ankreuzen, wenn dieser im Wort enthalten ist
   Heraushören des Lautes /p/ im Anlaut, Inlaut oder Auslaut, Ankreuzen
2. Einkreisen der Buchstaben P, p
3. Eintragen der Silbenbögen

4

Pa

Mi

Pi

5

Ma

Pa

Pi

Mi

6

~~Papa~~ | Mimi | Mia | am | im | am

Papa ist  .

ist  .

ist  .

4. Ergänzen der Silben, Schreiben der Wörter
5. Ergänzen der Silben, Schreiben der Wörter
6. Ergänzen der Sätze

1

2

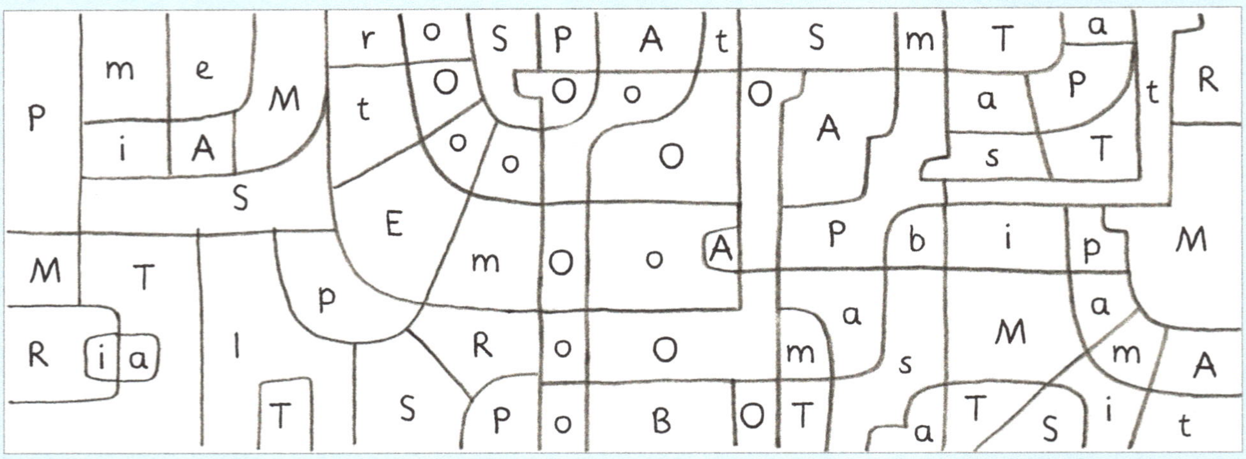

3

O	Ma	Mi	Pa	O	Pi
mi	a	ma	a	pa	pi

Omi

Zu den Fibelseiten 14 und 15:
1. Heraushören des Lautes /o/, Ankreuzen, wenn dieser im Wort enthalten ist
   Heraushören des Lautes /o/ im Anlaut, Inlaut oder Auslaut, Ankreuzen
2. Ausmalen der Felder mit den Buchstaben O, o
3. Bilden von Namen aus Silben, Ausmalen der Silbenpaare in der gleichen Farbe, Schreiben der Namen

4

Mia

O

Oma

M

Mimi

O

5

Omi ist am  . ☐ ☐

Opi ist im  . ☐ ☐

Am  ist Opa. ☐ ☐

Ist Oma am  ? ☐ ☐

6

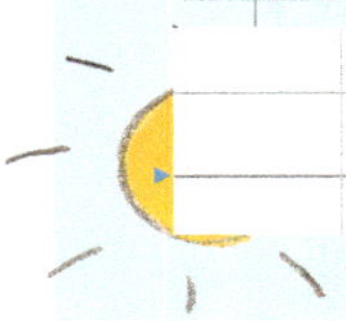

4. Schreiben der Wörter
5. Ankreuzen der richtigen Sätze
6. Schreiben der Wörter mit der Lauttabelle

ruft

1

ist – ruft – im – am

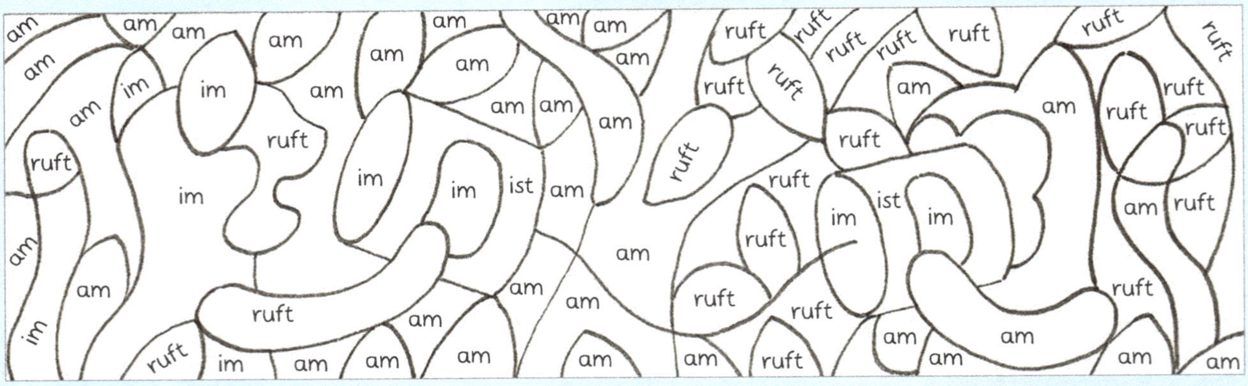

2

Mia ruft: Papi .

Papa ruft: ________ .

Oma ruft: ________ .

Opi ruft: ________ .

Mama ruft: ________ .

Mimi ruft: ________ .

Zu den Fibelseiten 16 und 17:
1. Erkennen der „kleinen“ Wörter, Ausmalen der Felder entsprechend den Farbvorgaben
2. Ergänzen der Sätze

3

Mama | im | Mia | Papa | ~~im~~

Mimi ist im . im

Mimi ruft: ______ .

Mia ist .

Mia ruft: ______ .

Papa ist .

Papa ruft: ______ .

4

Mama

3. Ergänzen der Sätze
4. Freies Schreiben zu den Bildern mit der Lauttabelle

N	n
N	*n*

1

2

M – N ?

3

Zu den Fibelseiten 18 und 19:
1. Heraushören des Lautes /n/, Ankreuzen, wenn dieser im Wort enthalten ist
   Heraushören des Lautes /n/ im Anlaut, Inlaut oder Auslaut, Ankreuzen
2. Heraushören ähnlicher Anlaute, Verbinden der Bilder mit dem richtigen Buchstaben
3. Ausmalen der Felder mit den Buchstaben N, n

4

Pa | Ma | J | A | Mi | Ni

na | a | mon | pa | na | ma

Papa

5

ist 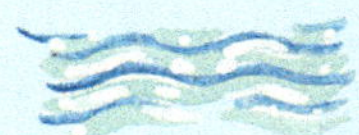 .

ist  .

ist  .

6

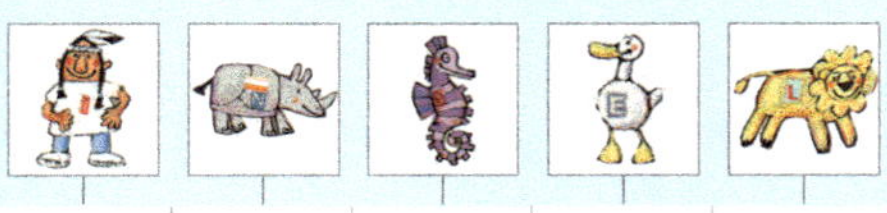

4. Bilden von Namen aus Silben, Ausmalen der Silbenpaare in der gleichen Farbe, Schreiben der Namen
5. Schreiben der Namen, Ergänzen der Sätze mit den Wörtern *im* und *am*
6. Schreiben mit der Lauttabelle, Verbinden der Wörter mit den passenden Bildern

und	sind

1

und – sind

2

Mo ist am  . ☐ ☐

Oma und Ina sind am  . ☐ ☐

Mia und Mimi sind im  . ☐ ☐

Amon und Nina sind im  . ☐ ☐

3

und – ist – sind

Sind *Oma* und *Mia am*  ?

______ und ______ sind *im* 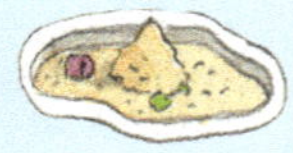 .

Sind *Amon* und *Mo am*  ?

Am  sind ______ und ______ .

Ist *Mimi im*  ?

______ ist *im*  .

Zu den Fibelseiten 20 und 21 sowie 22 und 23:
1. Einkreisen der Ganzwörter *und*, *sind*
2. Ankreuzen der richtigen Sätze
3. Ergänzen der Antwortsätze

4

Nina und Amon sind am  .

und sind  .

Am  sind Mia und Ina .

 sind und .

O, Mia ist im  .

ist  .

5

Im sind .

4. Nachspuren der Sätze, Abschreiben der Sätze in der Zeile darunter
5. Schreiben des Satzes mit der Lauttabelle

1

und – sind – ist – am – im – ruft

o	u	n	d	p	i	s	t	n
s	i	n	d	i	r	u	f	t
i	s	t	u	a	m	p	i	m
i	u	n	d	o	s	i	n	d

2

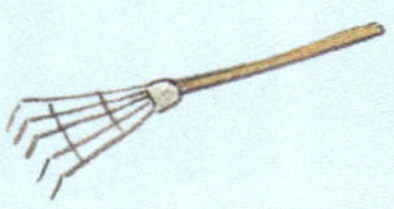    

3

Zu den Fibelseiten 24 und 25:
1. Ausmalen der Felder mit den „kleinen“ Wörtern
2. Eintragen der Silbenbögen
3. Schreiben der Wörter

4

○ ○ ________ und ________

○ ○ ________ und ________

○ ○ ________ und ________

5

Ist *Papa am*  ?

Papa ist ________  .

Ist *Mimi im*  ?

________ ist ________  .

Sind *Ina* und *Nina am*  ?

________ und ________ sind ________  .

6

Mia ist *am* ________ .

Amon und *Ina* sind *im* ________ .

4. Ergänzen der Wortgruppen, Verbinden der Wortgruppen mit den Bildern
5. Beantworten der Fragen
6. Ergänzen der Sätze mit der Lauttabelle

1

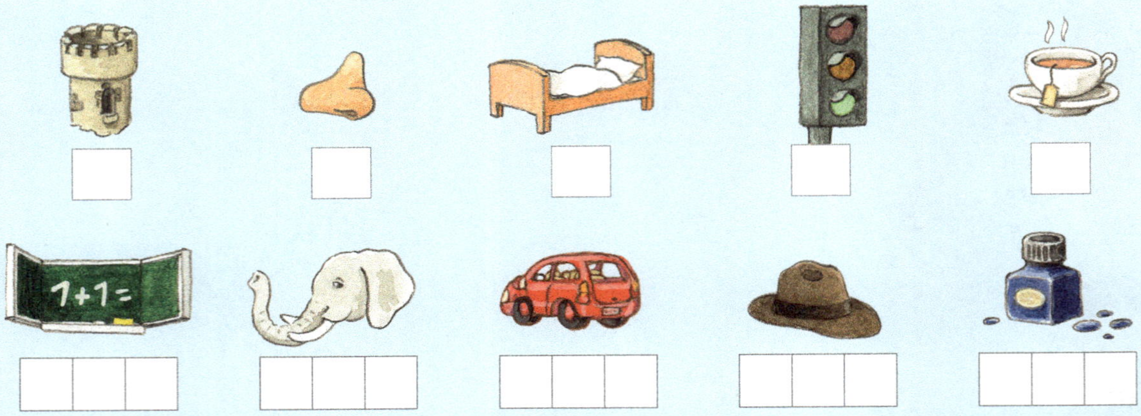

2

o
t n
e n
o E O T
o
t T o t n N t T
n
E
e N e O
T n

3

To
Ti
Ta

To
Ti
Ta

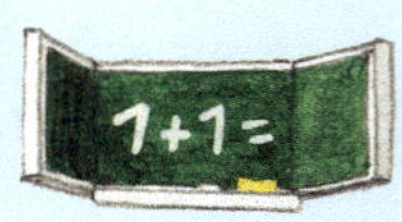

To
Ti
Ta

To
Ti
Ta

To
Ti
Ta

To
Ti
Ta

Zu den Fibelseiten 26 und 27:

1. Heraushören des Lautes /t/, Ankreuzen, wenn dieser im Wort enthalten ist
   Heraushören des Lautes /t/ im Anlaut, Inlaut oder Auslaut, Ankreuzen
2. Einkreisen der Buchstaben T, t
3. Verbinden der Bilder mit den entsprechenden Anfangssilben

4

Ti

Ni

mi

5

Ist *Ina mit Tim am*  ?

Ina ist ______  .

Ist *Mo mit Mimi am*  ?

______ ist ______  .

Opa ruft: ______ !

6

4. Ergänzen der Silben, Schreiben der Wörter
5. Beantworten der Fragen
6. Schreiben der Wörter mit der Lauttabelle

L l

ℒ 𝓁

1

2

L – l

Malt Lina?

Mimi malt.

Mimi malt mit Lila.

3

Zu den Fibelseiten 28 und 29:

1. Heraushören des Lautes /l/, Ankreuzen, wenn dieser im Wort enthalten ist
   Heraushören des Lautes /l/ im Anlaut, Inlaut oder Auslaut, Ankreuzen
2. Ausmalen der Felder mit den Buchstaben L, l
3. Eintragen der Silbenbögen

4

Li / Ti → na — Lina und Tina

Ti → mo / ___

Ni / ___ → na

5

Lina

Lina malt

Lina malt mit

Lina malt mit Tilo

Lina malt mit Tilo lila

Lina malt mit Tilo lila .

6

4. Ergänzen der Silben, Schreiben der Wortgruppen
5. Vervollständigen der Illustration dem Text entsprechend
6. Schreiben der Wörter mit der Lauttabelle

1

2

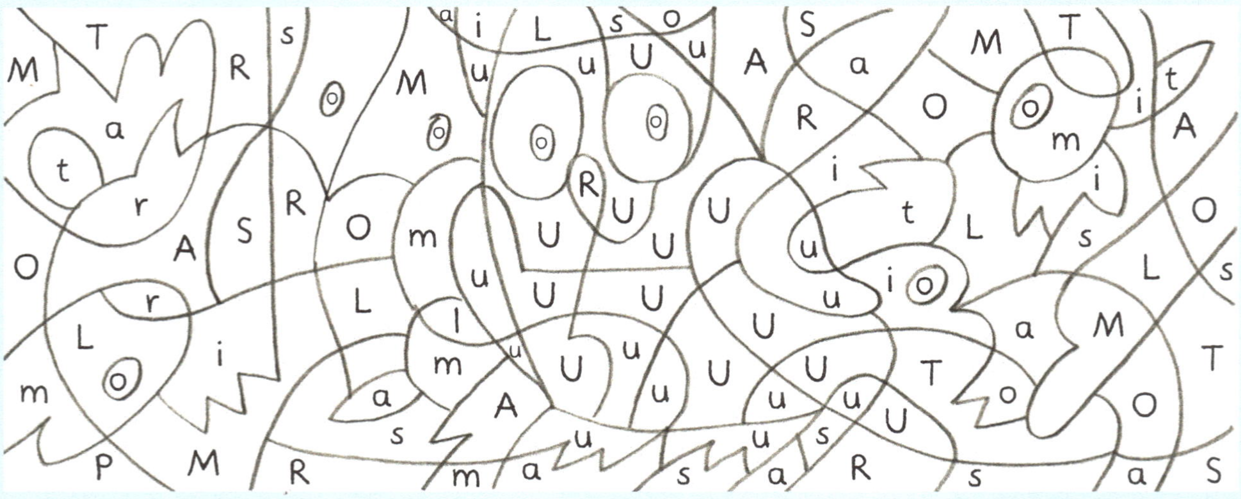

3

U	La	Li	Mi	Mu	Pu
ma	li	mi	na	ma	li

Zu den Fibelseiten 30 und 31:

1. Heraushören des Lautes /u/, Ankreuzen, wenn dieser im Wort enthalten ist
   Heraushören des Lautes /u/ im Anlaut, Inlaut oder Auslaut, Ankreuzen
2. Ausmalen der Felder mit den Buchstaben U, u
3. Bilden von Namen aus Silben, Ausmalen der Silbenpaare in der gleichen Farbe, Schreiben der Wörter

4

Uli mit Muli

5

______ ist ______  .

______ ruft: ______ !

______  ist ______ .

______ ruft: ______ !

6

E e

Ɛ e

1

2

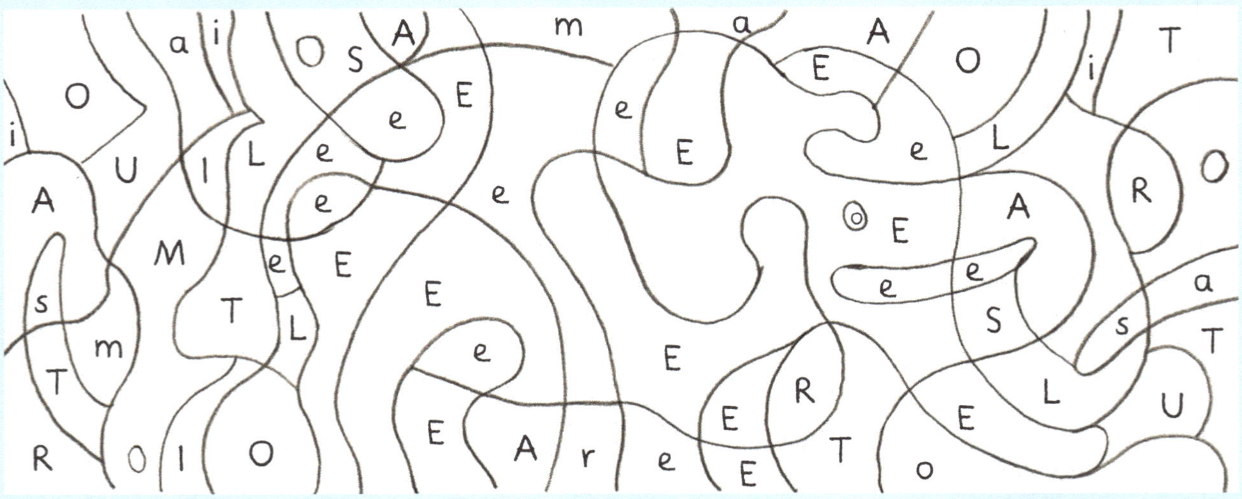

3

En

Tu

Tin

se

Tul

Lu

Lam

pe

Zu den Fibelseiten 32 und 33:

1. Heraushören des Lautes /e/, Ankreuzen, wenn dieser im Wort enthalten ist
   Heraushören des Lautes /e/ im Anlaut, Inlaut oder Auslaut, Ankreuzen
2. Ausmalen der Felder mit den Buchstaben E, e
3. Verbinden der Silben zu Wörtern, Schreiben der Wörter

4

Alle malen . Nele malt .

Alle ______ Palmen. Nele ______ Tulpen.

Alle ______ Tomaten. Nele ______ mit Emil.

5

Nele und Tilo malen.

______ und ______ .

Mimi ist am  .

______ ist ______ .

O Mimi! Nele  .

______ .

Alle Tulpen sind  .

______ sind ______ .

______ .

______ .

4. Einsetzen der gebeugten Verben in die Satzlücken
5. Abschreiben der Sätze und Freies Schreiben mit der Lauttabelle

S s

S s

1

2

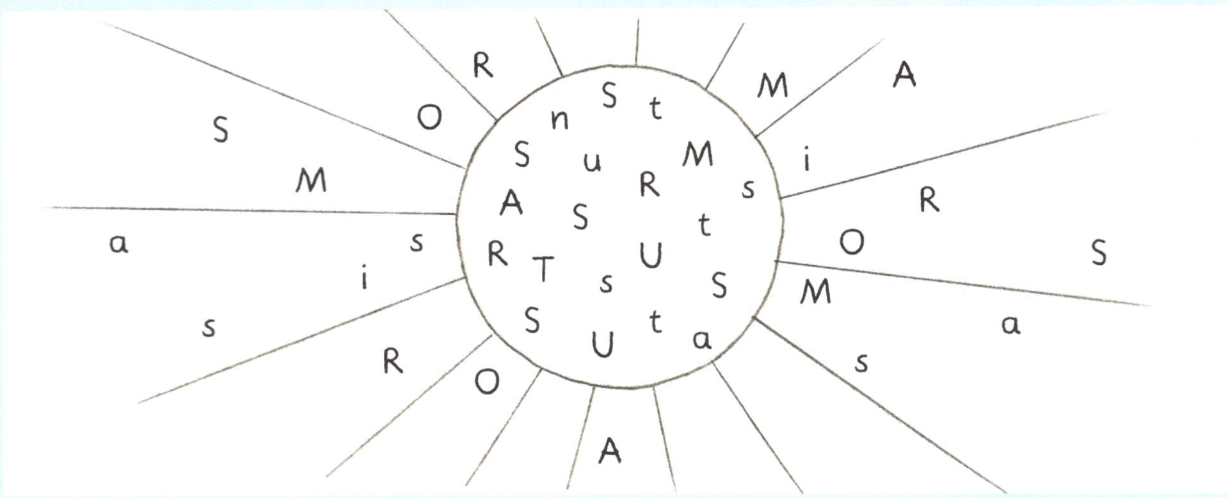

3

Insel

Salami

Nase

Pinsel

Selina

Salat

Amsel

Esel

Zu den Fibelseiten 34 und 35:

1. Heraushören des Lautes /s/, Ankreuzen, wenn dieser im Wort enthalten ist
   Heraushören des Lautes /s/ im Anlaut, Inlaut und Auslaut, Ankreuzen
2. Einkreisen der Buchstaben S, s
3. Eintragen der Silbenbögen

4

Tonne

Nase

Suppe

Tute

Esel

Sonne

Insel

Ananas

5

Ina und *Amon* . . . .

Ina und *Amon lesen*.

Tilo und *Nele* . . . .

und .

Tim und *Selina* . . . .

und .

6

		s	

S			

	s

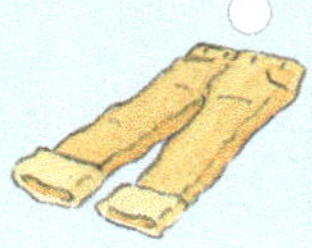

		s	

		s

		s	

4. Verbinden der Bilder mit den Reimwörtern
5. Ergänzen der Sätze
6. Ergänzen der Wörter mit der Lauttabelle, Verbinden der Wörter mit den richtigen Bildern

R r
R r

1

2

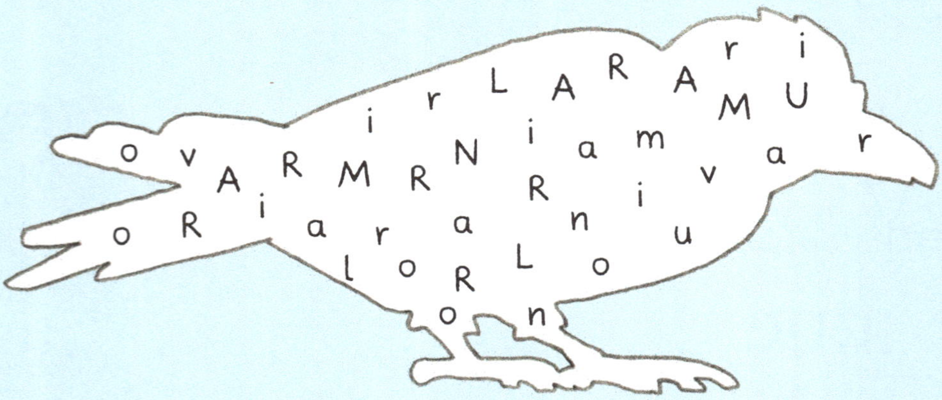

3

rol / *tol* — *len*

ra / *tre* — *ten*

ren / *ler* — *nen*

ra / *es* — *sen*

Zu den Fibelseiten 36 und 37:
1. Heraushören des Lautes /r/, Ankreuzen, wenn dieser im Wort enthalten ist
   Heraushören des Lautes /r/ im Anlaut, Inlaut und Auslaut, Ankreuzen
2. Einkreisen der Buchstaben R, r
3. Verbinden der Silben zu Wörtern, Schreiben der Wörter

4

Alle rollen.

Romi ______.

Alle rennen.

Tilo ______.

Alle lernen.

Nina ______.

Alle turnen.

Amon ______.

5

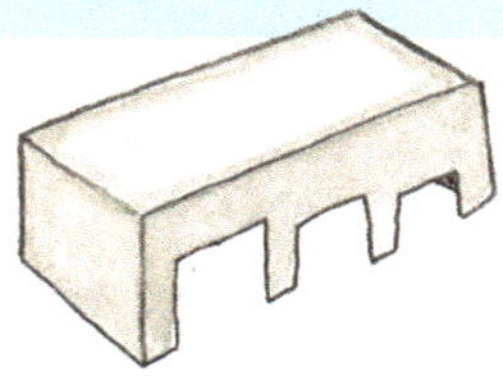

Romi

Romi rollt

Romi rollt mit

Romi rollt mit Tim

Romi rollt mit Tim rote Murmeln.

Romi rollt mit Tim rote Murmeln in Tor 1.

6

R					

	r						

				r

		r				

	r		

R			

4. Lesen der Sätze, Ergänzen der Personalformen
5. Lesen der Pyramiden-Sätze, Ergänzen des Bildes
6. Ergänzen der Wörter mit der Lauttabelle, Verbinden der Wörter mit den richtigen Bildern

Ei	ei
Ei	*ei*

1

2

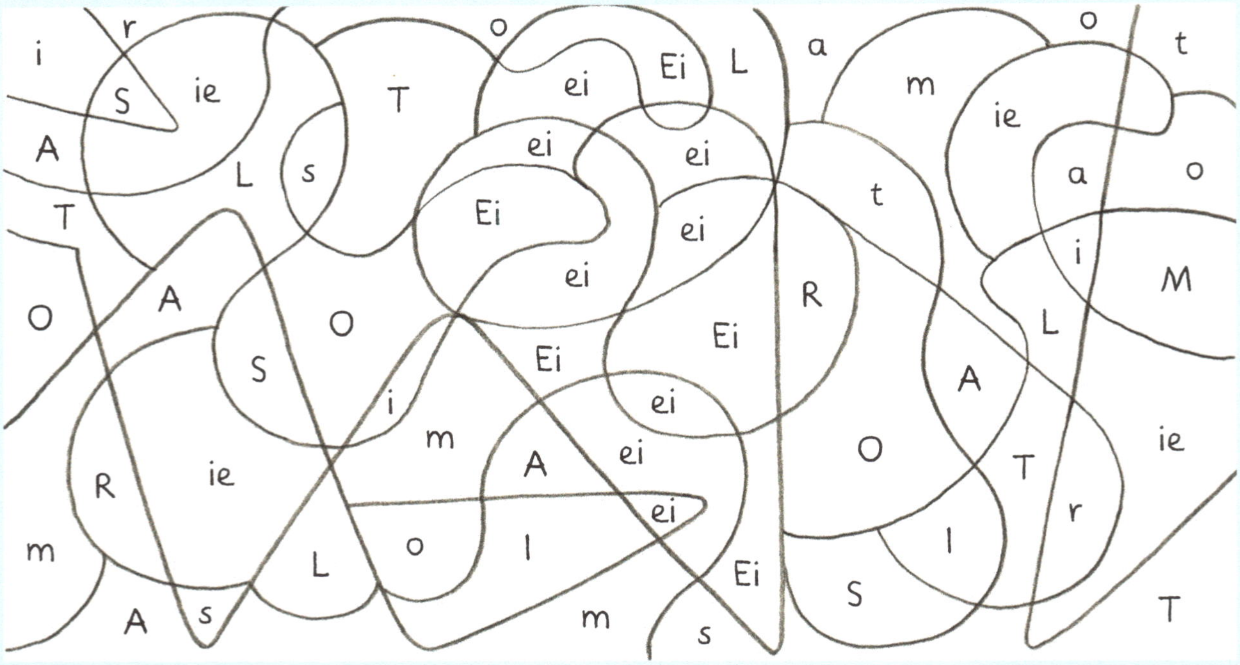

3

rei — *ßen* / *sen* / *men*

Zu den Fibelseiten 38 und 39:
1. Heraushören des Lautes /ei/, Ankreuzen, wenn dieser im Wort enthalten ist
   Heraushören des Lautes /ei/ im Anlaut, Inlaut und Auslaut, Ankreuzen
2. Ausmalen der Felder mit der Buchstabenverbindung Ei, ei
3. Verbinden der Silben zu Verben, Schreiben der Verben

4

eine Reise

eine M

ein Reiter

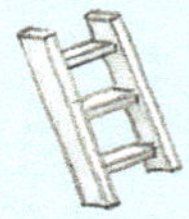
eine L

ein Teil

ein S

ein Preis

ein Ei

5

ein – eine?

ein Ei	toller Roller
Reise	rote Tulpe
Leiter	roter Eimer
Reiter	rosa Eis
Ameise	lila Seil

6

Mimi ruft: Mo! Nein!

4. Schreiben der Reimwörter
5. Einsetzen der unbestimmten Artikel *ein*, *eine*, Nachspuren der Wörter
6. Erzählen und Schreiben zum Bild mit der Lauttabelle

1

2

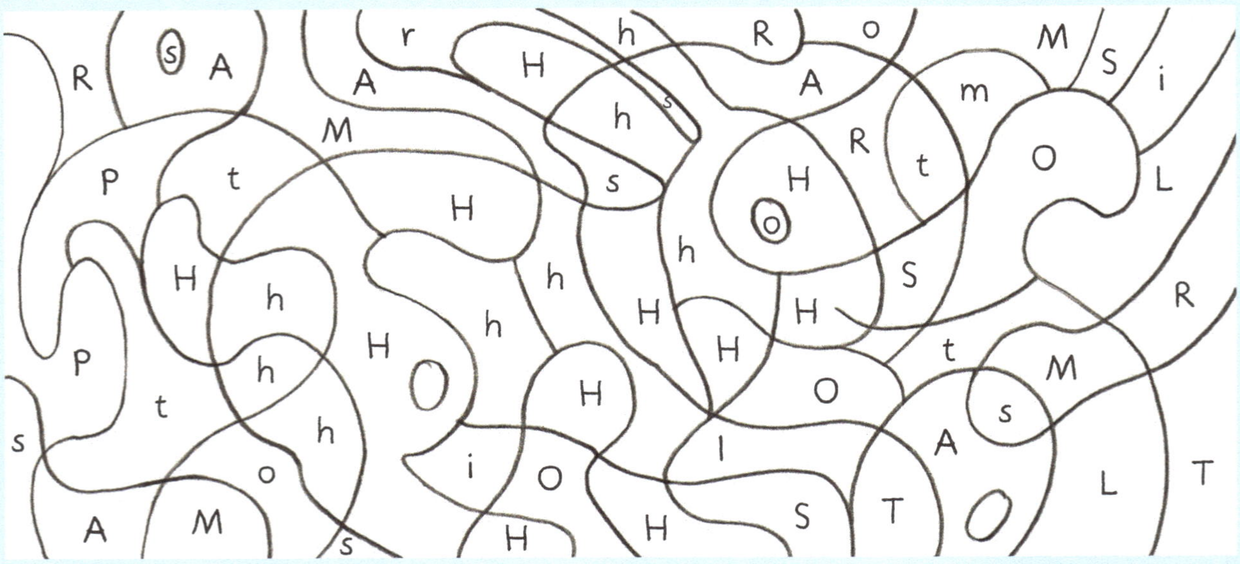

3

Zu den Fibelseiten 40 und 41:

1. Heraushören des Lautes /h/, Ankreuzen, wenn dieser im Wort enthalten ist
   Heraushören des Lautes /h/ im Anlaut, Inlaut oder Auslaut, Ankreuzen
2. Ausmalen der Felder mit den Buchstaben H, h
3. Eintragen der Silbenbögen, Schreiben der Wörter

4

 Hupe

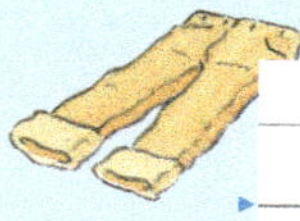

5

2 holt 1 Ina 3 ein Seil.

Ina .

☐ soll ☐ hopsen. ☐ Ina

.

☐ Nele. ☐ Hannes ☐ mit ☐ rennt

.

6

Hannes hat eine rote Hose an.
Sein Hut ist lila.
Der Hase ist braun.
Hannes hat eine Tasse mit Tee
in der Hand.

4. Schreiben der Reimwörter
5. Sortieren der Wörter zu Sätzen, Nummerieren, Schreiben der Sätze
6. Ausmalen des Bildes den Sätzen entsprechend

D d
D d

1

2

3

Zu den Fibelseiten 42 und 43:
1. Heraushören des Lautes /d/, Ankreuzen, wenn dieser im Wort enthalten ist
   Heraushören des Lautes /d/ im Anlaut, Inlaut oder Auslaut, Ankreuzen
2. Ausmalen der Felder mit den Buchstaben D, d
3. Schreiben der Wörter zu den Bildern

4

D – T ?

 ○ ○ D  ○ ○ D  ○ ○ D  ○ ○ D

 ○ ○ T  ○ ○ T  ○ ○ T  ○ ○ T

5

der – das ?

der	das
der Adler	

6

Rate.

In Dose ist es,
eine Dame hat es.
Es ist in Dreirad, in Dino,
in Dana und in Domino.
Es ist das ______ .

Es ist in Hund,
es ist in Mund
und in Runde.
Es ist mitten in
Mama und Papa.
Es ist das ______ .

4. Heraushören ähnlicher Laute, Verbinden der Bilder mit den richtigen Buchstaben
5. Ordnen der Substantive nach den bestimmten Artikeln, Schreiben der Substantive
6. Schreiben der Rätsellösungen

1

2

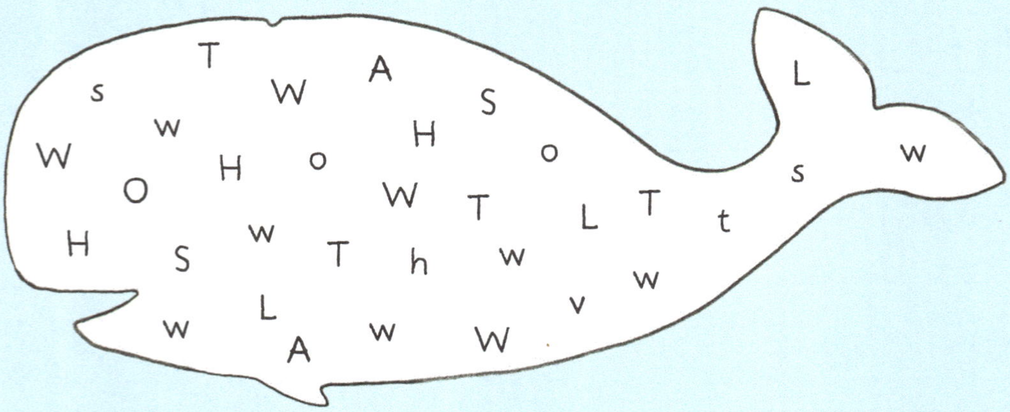

3

Zu den Fibelseiten 44 und 45:

1. Heraushören des Lautes /w/, Ankreuzen, wenn dieser im Wort enthalten ist
   Heraushören des Lautes /w/ im Anlaut, Inlaut und Auslaut, Ankreuzen
2. Einkreisen der Buchstaben W, w
3. Eintragen der Silbenbögen, Nachspuren der Wörter

4

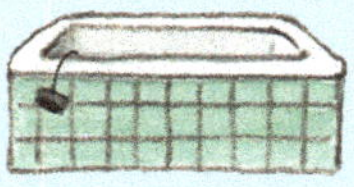

5

Male ein Meer mit Wellen.
Male einen Wal im Meer.
Im Meer ist eine Insel.
Wer wohnt dort?

6

4. Schreiben der Wörter
5. Malen zum Text
6. Freies Schreiben zum Bild mit der Lauttabelle

1

	die H _ s _		der H _ s _
	der W _ nd	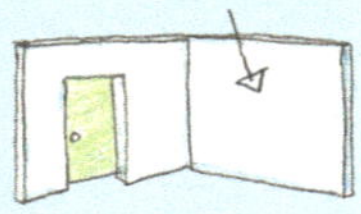	die W _ nd
	der M _ nd		der M _ nd
	die T _ nt _		die T _ nt _
	die W _ ll _		die W _ ll _

2

~~Pin~~	Pu	Ro	Wan
ne	se	del	~~sel~~

Sa	Tel	Am	Mei
pel	se	lat	ler

ein

ein Pinsel

eine

Zu den Fibelseiten 46 und 47:

1. Ergänzen der Wörter
2. Bilden von Wörtern aus Silben, Ausmalen der Silbenpaare in der gleichen Farbe, Ordnen der Wörter nach unbestimmten Artikeln, Schreiben der Wörter

3

Insel. Im Meer eine ist

Wasser Im Wale. wohnen

4

Wer malt um Amon Linien?

Wer tippt: Selina ist toll?

Was ist alles im Salat?

Wer hat das tolle Domino?

Wo wohnt Willi, der Wal?

3. Sortieren der Wörter zu Sätzen, Nummerieren, Schreiben der Sätze
4. Lesen der Fibelseiten 32–45, Beantworten der Fragen

ie

ie

1 *der – die – das*

2 *ie oder ei*

d __ W __ se   das L __ d   der R __ se

  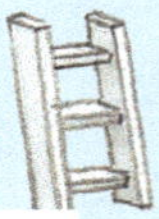

d __ M __ se   das S __ l   d __ L __ ter

3

piepen	niesen	dienen
wir piepen	wir	wir
du	du	du
er	er	er

Zu den Fibelseiten 48 und 49:
1. Ergänzen der Artikel *der- die- das*
2. Einsetzen von *ie* oder *ei*
3. Schreiben der gebeugten Verben

4

Ist es ein Wald?
Nein, es ist eine Wiese.

Ist es eine Ameise?
Nein, es ist eine ________.

Ist es ein Tier?
Nein, es ist ein ________.

Ist es ein Ei?
Nein, es ist ein ________.

5

~~Wiese~~	Leiter	Lied	Riese	Tier	Reise	Diener

der	die	das
	Wiese	

6

Wo sind Opa, Amon und Ina?

Opa, Amon und Ina sind im

Was piept denn da?

________.

Was ist mit Mo passiert?

________.

________.

4. Beantworten der Fragen
5. Zuordnen der richtigen Artikel, Schreiben der Wörter in die Tabelle
6. Lesen der Fibelseiten 48 und 49, Beantworten der Fragen mit der Lauttabelle

F	f
F	*f*

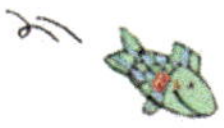

1

F – W ?

 ○ ○ F

 ○ ○ F

 ○ ○ F

 ○ ○ F

 ○ ○ W

 ○ ○ W

 ○ ○ W

 ○ ○ W

2

ru
wer — *fen*
hel

fal
feh — *len*
fei

3

Af	*Fahr*	*Fe*	*Fo*	*Ta*	*Un*
rad	*der*	*fe*	*fel*	*fall*	*so*

 *der* ____________

 *der* ____________

 *die* ____________

 *die* ____________

 *das* ____________

 *das* ____________

Zu den Fibelseiten 50 und 51:
1. Heraushören ähnlicher Laute, Verbinden der Bilder mit den richtigen Buchstaben
2. Verbinden der Silben zu Verben, Schreiben der Verben
3. Bilden von Wörtern aus Silben, Ausmalen der Silbenpaare in der gleichen Farbe, Schreiben der Wörter

4

rufen	fehlen	falten
wir rufen	wir	wir
du	du	du
er	er	er

5

Ina und Hannes — weint: — Mein Arm!

Hannes — fahren — mit dem Rad.

Ina — ruft: — Hilfe!

6

F

F

f f

4. Schreiben der gebeugten Verben
5. Verbinden der Satzteile, Schreiben der Sätze
6. Ergänzen der Wörter mit der Lauttabelle, Verbinden der Wörter mit den richtigen Bildern

Au au
Au au

1

aus	*saufen*	*aussaufen*
	laufen	
	ruhen	
auf	*passen*	
	fressen	
	essen	
an	*fassen*	
	sehen	
	rufen	

2

~~*Haus*~~	*Auspuff*	*Maulwurf*	*Raum*	*Auto*

 *Haus*

Zu den Fibelseiten 52 und 53:
1. Schreiben der Verben mit den Vorsilben *aus-*, *auf-* und *an-*, Verbinden mit den richtigen Bildern
2. Schreiben der Wörter zu den Bildern

3

Wir fahren mit dem Auto in ein Dorf.		
Tante Laura ist mit dem Auto da.		

Die Sau muss fressen und ausruhen.		
Nina und Ina sehen Esel und Hasen.		
Auf der Wiese ist ein Hund.		

4

Lies in der Fibel auf Seite 53 nach.
Was sehen Ina und Nina auf dem Sonnenhof?

3. Lesen der Fibelseiten 52 und 53, Ankreuzen der Sätze mit *richtig* oder *falsch*
4. Lesen der Fibelseite 53, Beantworten der Frage mit der Lauttabelle

B b
B b

1 B – P ?

 B P
 B P
 B P
 B P
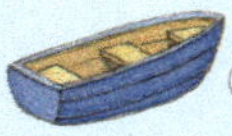 B P
 B P
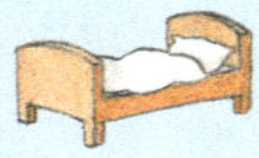 B P
 B P

2 *Reime.*

leben	*loben*	*der Raum*
h	*s*	*der B*

3

 B l l a — *ein bunter* ____________

 B s o o — *ein blaues* ____________

 B a l t t — *ein braunes* ____________

 B s e n e — *ein brauner* ____________

 B e n a n a — *eine reife* ____________

Zu denFibelseiten 54 und 55:
1. Heraushören ähnlicher Laute, Verbinden der Bilder mit den richtigen Buchstaben
2. Schreiben der Reimwörter
3. Sortieren der Buchstaben zu Wörtern, Schreiben der Wörter

Silbenschieber

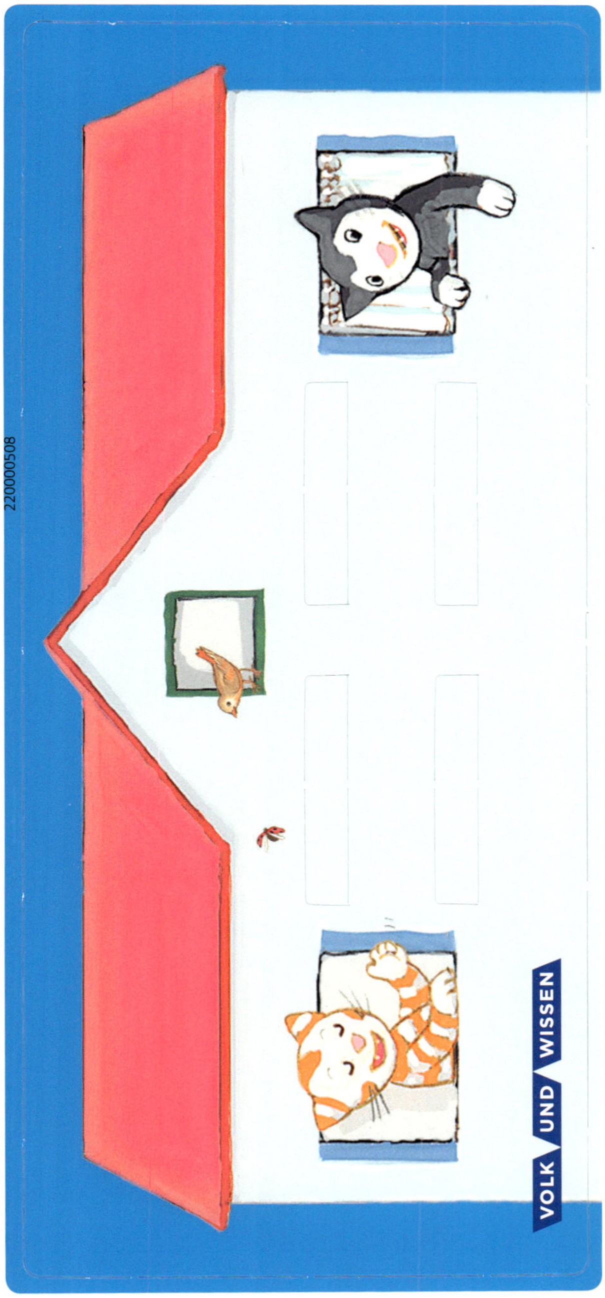

Mi	ma	Man	sel
I	a	Tan	se
Ni	mo	Tin	pel
A	pi	Na	mi
Ti	no	En	tel
O	mon	Ro	pe
Ma	pa	Am	te
Pa	na	Lam	ne
Li	lo	Son	na
Mu	mi	Pin	me
zu den Fibelseiten 4–31	zu den Fibelseiten 4–31	zu den Fibelseiten 32–37	zu den Fibelseiten 32–37

VOLK UND WISSEN

Der MEINE FIBEL-Silbenschieber ist Bestandteil
der Arbeitshefte Druckschrift (ISBN 978-3-06-0835225),
Druckschrift Fördern (978-3-06-084112-7)
und Schulausgangsschrift (ISBN 978-3-06-0835249).

4

5

Ina und Nina sind in der Badewanne.
Ina hat einen blauen Lappen in der Hand.
Mia will mitbaden. Was will Mia?

Was hat Ina in der Hand?

6

4. Ergänzen der Wörter
5. Lesen des Textes, Beantworten der Fragen
6. Freies Schreiben zum Bild mit der Lauttabelle

K	k
K	*k*

1

Kosse *Kusse* *Kasse* *Kesse* — *Kasse*

Komel *Kamel* *Kimel* *Kumel*

Kinne *Konne* *Kunne* *Kanne*

Kakse *Kukse* *Kekse* *Kikse*

2

Reime.

die Tanne 
die K

der Wind 
das K

die Tasse 
die K

das Kino 
der D

die Nuss 
der K

die Wette 
die K

3

~~*kau*~~	*kom*	*knei*	~~*fen*~~	*fen*	*men*

kaufen *kommen* *kneifen*

ich *ich* *ich*

er *er* *er*

wir *wir* *wir*

Zu den Fibelseiten 56 und 57:
1. Einkreisen der richtigen Wörter, Schreiben der Wörter
2. Ergänzen der Reimpaare
3. Verbinden der Silben zu Verben, Ausmalen der Silbenpaare in der gleichen Farbe, Schreiben der gebeugten Verben

4

K				

		k

K			k				

K			k	

K		k		

K		k			

5

Lina hat einen kleinen Kater bekommen.

Sein Name ist: ____________________

Der Kater hat ein hellblaues Haus.

Die Karos darauf sind rot und blau.

Die Kreise sind lila und rosa.

Da ist ein roter Ball.

6

Lies schnell.

Kleine Kinder knabbern keine kleinen Kekse.
Krumme Kamele kommen mit kleinen Krokodilen ins Kino.

Schreibe selbst einen Satz mit K-Wörtern.

4. Ergänzen der Wörter, Verbinden der Wörter mit den richtigen Bildern
5. Ergänzen des Lückensatzes, Malen zum Text
6. Lesen der Zungenbrecher-Sätze, Schreiben eines eigenen Satzes

Ch	ch
Ch	*ch*

1

Ch ch

Ch ch

2

ch wie in ich

ch wie in ach

dichten
riechen
lachen
rechnen
suchen
kochen
tauchen
kriechen

3

lieb	*frech*
arm	
tief	
unsicher	
hart	

Zu den Fibelseiten 58 und 59:
1. Heraushören des *ich*- und *ach*-Lauts, Bilder mit den richtigen Lauten verbinden
2. Geordnetes Abschreiben der Wörter nach *ich*- und *ach*-Laut
3. Schreiben der Gegensatzpaare

4 Reime.

Wir wollen alle lachen
und tolle Sachen m____________ .

Tilo ist ein Koch,
seine Hose hat ein L____________ .

Amon kann tief tauchen,
Mimi kann laut f____________ .

1 ____________

2 ____________

3 ____________

5 So bin ich:

So sehe ich aus:

Das kann ich:

4. Ergänzen der Reime, Beantworten der Rätselfragen
5. Schreiben und Malen zur eigenen Person

Sch	sch
Sch	*sch*

1

Was ich mache

schla	fen
schrei	schen
schwim	ben
wa	den
schnei	men

ich schlafe

2

Reime.

der Tisch  die Flasche  der Schal 

der F ______ die T ______ der W ______

3

 ○ ○ Schleife die Schere

 ○ ○ Schere

 ○ ○ Schraube

 ○ ○ Schwein

Zu den Fibelseiten 60 und 61:
1. Bilden von Verben aus Silben, Ausmalen der Silbenpaare mit der gleichen Farbe, Schreiben der Verben in der ich-Form
2. Schreiben der Reimwörter
3. Verbinden von Bildern und Wörtern, Schreiben der Wörter mit dem bestimmten Artikel

4

Hand ○ ○ Suppe

Fisch ○ ○ Tasche Handtasche

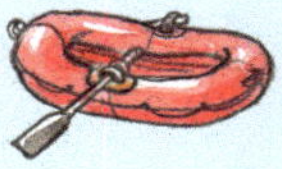

Schlauch ○ ○ Boot

5

☐ Russland. 1 Sascha ☐ aus ☐ kommt

Sascha

☐ schreiben ☐ dort ☐ Kinder ☐ Die ☐ anders.

☐ Sie ☐ Bilder ☐ an. ☐ schauen ☐ sich

6

Schreibe noch mehr Wörter mit Sch oder sch auf:

4. Bilden von zusammengesetzten Substantiven durch Verbinden, Schreiben der Wörter
5. Sortieren der Wörter zu Sätzen, Nummerieren, Schreiben der Sätze
6. Schreiben von Wörtern mit *Sch* oder *sch* mit der Lauttabelle

1

Fest	Schule	Supermarkt	Wiese	Kartoffel	Schrift

Fest		

2

der – die – das

	der	Schlauch			

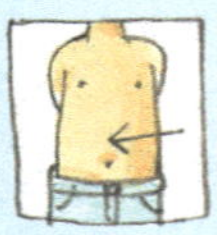					

3

Lies in der Fibel
auf den Seiten 41 bis 60 nach.

Ist Hannes auf der Matte?	☐	☐
Fahren Lina und Tim Slalom?	☐	☐
Sehen Ina und Nina ein Fohlen?	☐	☐
Kommt Sascha aus Schweden?	☐	☐

1. Abschreiben der vorgegebenen Wörter, Eintragen nach Silben in die Tabelle
2. Schreiben der Wörter mit den bestimmten Artikeln
3. Beantworten der Fragen durch Ankreuzen mit *richtig* oder *falsch*

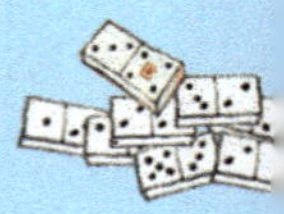

4

⚀ Der Hund hat	⚀ einen Welpen.
⚁ Opa und Amon sehen	⚁ einen Riesen.
⚂ Unsere Lehrerin holt	⚂ eine Weltkarte.
⚃ Nina und Ina falten	⚃ eine rote Tulpe.
⚄ Mama und Ina kaufen	⚄ Mimis Futter.
⚅ Ich esse am liebsten	⚅ Mamas Kuchen.

5

Wo kann man einkaufen?

Wie nennt man ein Haus auf einem Baum?

Womit kann man fahren?

4. Würfeln und Schreiben von Quatschsätzen
5. Beantworten der Fragen

Ö	ö
Ö	ö

1

 Lowe Liwe Löwe Lawe

 Flate Flöte Flite Flute

 Luffel Laffel Leffel Löffel

 Al Ul Öl El

2

Aus o wird ö

 der Frosch  die Frösche

 der Ofen 

 der Korb 

 der Koch 

3

 ölen – das Öl 

 föhnen – 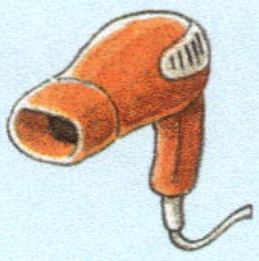

 löffeln – 

 flöten – 

Zu den Fibelseiten 64 und 65:
1. Einkreisen der richtigen Wörter, Schreiben der Wörter
2. Bilden der Mehrzahl
3. Schreiben der Substantive

Ü	ü
Ü	ü

1

_ ü _ _ _

_ _ ü _ _ _

_ ü _ _

_ ü _ _ _

_ ü _ _ _ _

_ _ _ ü _ _

2

Aus u wird ü

	die Frucht		die Früchte
	die Nuss		
	das Tuch	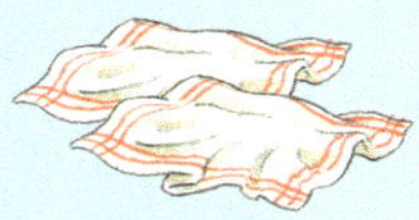	
	das Buch		

3 

Bald ist wieder Flohmarkt in der Schule.
Schreibe eine Einladung für deine Eltern.

Wann? *Wo?* *Warum?*

Zu den Fibelseiten 66 und 67:
1. Ergänzen der Wörter, Verbinden der Wörter mit den richtigen Bildern
2. Bilden der Mehrzahl
3. Lesen der Fibelseite 67, Schreiben einer Einladung mit der Lauttabelle

G	g
G	*g*

1

G – K ?

 ○ ○ G  ○ ○ K

 ○ ○ G  ○ ○ K

 ○ ○ G  ○ ○ K

 ○ ○ G  ○ ○ K

2

 *Guge* *Goge* *Geige* *Gage* — *die Geige*

 *Sugel* *Segel* *Sogel* *Sagel*

 *Gons* *Gins* *Guns* *Gans*

 *Tiger* *Tager* *Tuger* *Toger*

3

Reime.

fragen	*fliegen*	*leben*	*sehen*
s	*w*	*g*	*g*
tr	*l*	*h*	*w*

Zu den Fibelseiten 68 und 69:
1. Heraushören ähnlicher Laute, Verbinden der Bilder mit dem richtigen Buchstaben
2. Einkreisen der richtigen Wörter, Schreiben der Wörter mit den bestimmten Artikeln
3. Ergänzen der Reimwörter

4

G

G

G

g

g

G

5

Was ist das?

Für das Instrument braucht man einen Bogen.

Es ist die ____________________.

Damit kann ein Boot segeln.

Es ist ____________________.

Damit kann man essen. Es ist ____________________.

6

Schreibe ein Rätsel. Male.

Es ist ____________________

4. Ergänzen der Wörter, Verbinden der Wörter mit den richtigen Bildern
5. Schreiben der Rätsellösungen mit den bestimmten Artikeln
6. Schreiben eines eigenen Rätsels, dazu Malen

ß
ß

1

 klein – groß

kalt –

 sauer – s

faul –

2

e – er – es

weiß

eine weiße Maus

ein ___ Mantel

ein ___ Kleid

groß

eine ___ Tafel

ein ___ Garten

ein ___ Haus

3

Ist die Kreide schwarz? Die Kreide ist ___.

Ist der Riese klein? ___.

Ist die Torte sauer? ___.

Ist der Tee kalt? ___.

Zu den Fibelseiten 70 und 71:
1. Bilden von Gegensatzpaaren
2. Beugen der Adjektive, Schreiben der Adjektive mit den richtigen Endungen
3. Beantworten der Fragen

V v
V v

1

v wie f		*v wie w*
Vater	~~*Vater*~~	*Vitamine*
	Vase	
	Vulkan	
	Vogel	
	~~*Vitamine*~~	
	Vampir	
	Verkehr	
	Verein	

2

Va *se* — *die Vase*

Vul ____

Vo ____

Veil ____

Va ____

3

Vogel-Wörter

der Vogel *bauer*

der Vogel ____

das Vogel ____

das Vogel ____

das Vogel ____

die Vogel ____

Zu den Fibelseiten 72 und 73:
1. Einordnen der Wörter nach Aussprache des *v*-Lautes
2. Ergänzen der Endsilben, Schreiben der Wörter mit den bestimmten Artikeln
3. Vervollständigen der zusammengesetzten Substantive, Verbinden der Wörter mit den richtigen Bildern

4

V

V

V

v

V

5

ver-

- tauschen — vertauschen
- gessen
- lieren
- bieten

6

Schau dir Vampis Tagesplan in der Fibel auf Seite 73 an. Was hat Vampi vertauscht?

4. Ergänzen der Wörter, Verbinden der Wörter mit den richtigen Bildern
5. Schreiben der Verben mit der Vorsilbe *ver-*
6. Lesen der Fibelseite 73, Beantworten der Frage mit der Lauttabelle

Eu	eu
Eu	eu

1 Reime.

die Eule — die Leute — scheu

die B — die B — n

2

T	L	O	T	K	A	D	I	F	S	O
G	E	M	A	N	H	F	L	D	C	K
A	U	W	E	U	L	E	M	R	H	A
N	T	M	S	L	N	U	A	H	E	T
B	E	O	L	E	G	E	S	I	U	R
I	H	K	O	A	F	R	E	U	N	D
L	U	T	E	R	I	A	G	M	E	F

3

Die kleine Ente und die Eule

Die kleine Ente suchte eine Freundin.
Da sah sie im Baum eine Eule.
Die Ente rief laut: „Hallo, Eule!
Willst du meine Freundin sein?“

Zu den Fibelseiten 74 und 75:
1. Schreiben der Reimwörter
2. Einkreisen der versteckten Wörter
3. Weiterschreiben des Textes mit der Lauttabelle

Z	z
Z	z

1 Reime.

der Hahn – der Z
der Berg – der Zw
die Wiege – die Z
die Welt – das Z
der Geiger – der Z
der Teig – der Zw

2 Was gehört zusammen?

		Was machen wir?	Was macht er?
zei	ten	wir	er
zau	gen	wir	er
zel	len	wir	er
zie	bern	wir	er

3 zu – zum – zur

Ich gehe Schule.
Ich gehe Arzt.
Ich gehe meinen Freunden.

Zu den Fibelseiten 76 und 77:
1. Schreiben der Reimwörter
2. Verbinden der Silben zu Verben, Schreiben der gebeugten Verben
3. Ergänzen der Sätze mit *zu*, *zum*, *zur*, Nachspuren der Sätze

4

 Zirkus ○ ○ Bürste

 Uhr ○ ○ Zwiebel

 Blumen ○ ○ Zelt Zirkuszelt

 Zahn ○ ○ Zeiger

5

Was ist es?

Die Frucht ist sauer. Es ist eine .

Das Fell des Tieres ist schwarz und weiß. .

Man kann darin schlafen. .

6

Der Zauberer hat einen schwarzen Hut auf.
Sein Zaubermantel ist blau.
In einer Hand hält der Zauberer eine gelbe Kerze.
Nun zaubert er zehn rote Herzen.
Zum Schluss zaubert er noch zwölf Zitronen in die Schale.
Welchen Zaubervers sagt der Zauberer?

4. Bilden von zusammengesetzten Substantiven durch Verbinden, Schreiben der Wörter
5. Schreiben der Rätsellösungen
6. Malen zum Text, Schreiben eines Zauberverses mit der Lauttabelle ins Heft

J	j
J	j

1

~~ja~~	ju	jo
beln	deln	~~gen~~

jam	jau	jap
sen	mern	len

wir jagen

wir

2 Antworte mit ja oder nein.

Das Jahr hat 11 Monate. ______

Zu jeder Jahreszeit gehören 4 Monate. ______

Im Dezember feiern wir Silvester. ______

Sommerferien sind im Winter. ______

3  Schreibe alle Monate auf. Nutze die Fibelseite 79.

1 ______ 5 ______ 9 ______

2 ______ 6 ______ 10 ______

3 ______ 7 ______ 11 ______

4 ______ 8 ______ 12 ______

Zu den Fibelseiten 78 und 79:
1. Verbinden der Silben zu Verben, Ausmalen der Silbenpaare in der gleichen Farbe, Schreiben der Verben
2. Beantworten der Sätze mit *ja* oder *nein*
3. Schreiben der Wörter mit der Lauttabelle

1

eine Tatze | eine Katze | eine Mütze | eine Pfütze | ein Spatz

eine Mütze

2

	sitzen		putzen		schwatzen
ich	sitze	ich		ich	
er	sitzt	er		er	
wir	sitzen	wir		wir	

3

Die vergessliche Zahnfee

Es ist Mitternacht.
Plötzlich wacht Nina auf.
Sie hört ein Kratzen …

Schreibe die Geschichte in dein Heft.

Zu den Fibelseiten 80 und 81:
1. Beschriften des Bildes mit den passenden Wörtern
2. Schreiben der gebeugten Verben
3. Weiterschreiben der Geschichte im Heft

Ä	ä
Ä	*ä*

1

Einzahl	*Mehrzahl*
ein Ball	*viele Bälle*
ein Zahn	
ein Ast	
eine Gans	
ein Band	

2

ä, ö oder ü ?

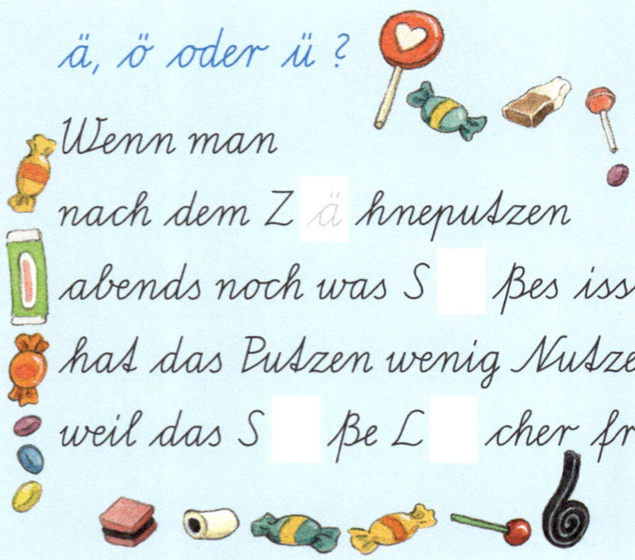

Wenn man
nach dem Zähneputzen
abends noch was S ___ ßes isst,
hat das Putzen wenig Nutzen,
weil das S ___ ße L ___ cher frisst.

Wie oft putzt du täglich deine Zähne?

3

Was ist für deine Zähne schädlich und was ist gut?

Zu den Fibelseiten 82 und 83:
1. Bilden der Mehrzahl
2. Ergänzen der Wörter mit den Buchstaben *ä*, *ö und ü*, Beantworten der Frage
3. Beantworten der Frage mit der Lauttabelle

ng
ng

1 Reime.

bringen	ringen	die Zunge
kl	s	die L
zw	spr	der J

2

bringen	singen	fangen
ich	ich	ich
er	er	er
wir	wir	wir

3

☐ hoch ☐ kann 1 Tim ☐ springen.

☐ Nele ☐ einen ☐ angelt ☐ Fisch.

☐ Kinder ☐ Lied. ☐ Die ☐ ein ☐ singen

Zu den Fibelseiten 84 und 85:
1. Ergänzen der Reimwörter
2. Schreiben der gebeugten Verben
3. Sortieren der Wörter zu Sätzen, Nummerieren, Schreiben der Sätze

4

bringt	~~angelt~~	hängt	singen

Der Angler angelt große Fische.

Der Postbote ______ ein Paket.

Wir ______ lustige Lieder.

Mama ______ die Wäsche auf.

5

Löse die Rätsel.

Er ist rund und passt auf den Finger.

Es ist der R______.

Er findet sich im Wort Bengel.

Es ist ein ______.

Damit holt man Fische aus dem Wasser.

Es ist eine ______.

Sie ist rot und im Mund. Man braucht sie zum Reden.

Es ist die ______.

6

Schreibe einen lustigen Witz oder ein Rätsel auf.

______

______

4. Ergänzen der Sätze
5. Schreiben der Rätsellösungen
6. Schreiben eines Witzes oder Rätsels, ggf. mit der Lauttabelle

ck
ck

1

Brü

Lü

Flo

Lo

cke

die Brücke

2

Reime.

die Decke | der Rock | die Flocke

die H | der B | die G

3

 der Bäcker – backen 

 der Wecker – 

 die Hocke – 

 der Schluck – 

 das Päckchen – 

Zu den Fibelseiten 86 und 87:
1. Verbinden der Silben zu Wörtern, Schreiben der Wörter, Verbinden der Wörter mit den richtigen Bildern
2. Ergänzen der Reime
3. Schreiben der Verben zu den entsprechenden Substantiven

4

 In Schnecke ist die Ecke. 

 In Glocke ist die ______. 

 In Dreck ist das ______. 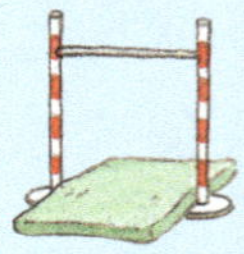

 In Brücken ist der ______. 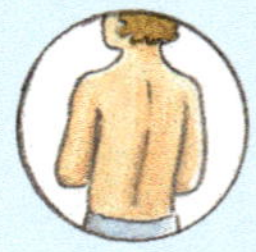

5

Das Eis schmeckt lecker.	☐	☐
Der Bäcker bäckt Wurst.	☐	☐
Der Wecker klingelt laut.	☐	☐
Die Schnecke kriecht schnell.	☐	☐

6

 Was macht dich glücklich?
Schreibe und male.

4. Erkennen weiterer Wörter, Schreiben der Wörter, Verbinden der Wörter mit den richtigen Bildern
5. Ankreuzen der Aussagesätze
6. Beantworten der Frage mit der Lauttabelle, Malen

Äu äu
Äu äu

1

Aus au wird äu

Einzahl	Mehrzahl
 die Braut	die Br äu te 
 der Baum	die B ___ me 
 die Maus	die M ___ se 
 die Laus	die L ___ se 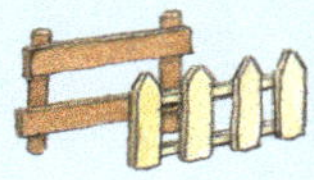
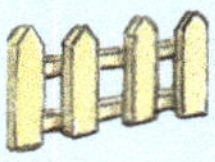 der Zaun	die Z ___ ne 

2

der Traum – träumen 

der Raum – ________ 

der Schaum – ________ 

3 

Die drei Schweinchen träumen

Zwei Häuschen sind kaputt.

Der Wolf entschuldigt sich.

Alle räumen auf.

Dann läuft der Wolf traurig davon.

Ein Schweinchen ruft:

Zu den Fibelseiten 88 und 89:

1. Ergänzen der Wörter in Mehrzahl, Verbinden der Wörter mit den richtigen Bildern
2. Schreiben der Verben, Verbinden der Verben mit den richtigen Bildern
3. Weiterschreiben der Geschichte mit der Lauttabelle

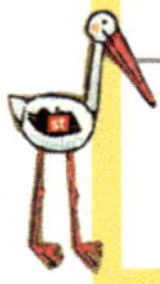

St	st
St	*st*

1

 ○ ○ stapeln

 ○ ○ stehen

 ○ ○ strecken

 ○ ○ steigen

 ○ ○ streiten

 ○ ○ stolpern

2

streiten	*stehen*	*steigen*
ich ______	*ich* ______	*ich* ______
du ______	*du* ______	*du* ______
er ______	*er* ______	*er* ______
wir ______	*wir* ______	*wir* ______

3

3 ______

4 ______

5 ______

1 *der Strohhalm*

6 ______

2 ______

7 ______

Zu den Fibelseiten 90 und 91:
1. Verbinden der Bilder mit den richtigen Wörtern
2. Schreiben der gebeugten Verben
3. Beschriften des Bildes

4 Nummeriere die Arbeitsschritte. Schreibe sie sortiert ab.

- [ ] Klebe einen Stab an deine Figur.
- [ ] Schneide die Figur dann aus.
- [1] Male deine Figur mit Buntstiften an.
- [ ] Fertig, die Vorstellung kann beginnen.

5 Was brauchst du für ein Kartontheater?
Lies in der Fibel auf Seite 91 nach. Schreibe auf.

4. Nummerieren der Handlungsschritte, Abschreiben der Sätze
5. Lesen der Fibelseite 91, Beantworten der Frage

1

ge	wün	stel
schen	len	hen

zau	hö	schrei
ben	bern	ren

2

ein Tisch – viele

eine Katze – viele

eine Taube – viele

ein Kind – viele

ein Hut – drei

ein Vogel – fünf

ein Baum – zwei

ein Glas – zehn

3

Tisch	Nest
Zirkus	Decke
Vogel	Zaun
Garten	Zelt

Zu den Fibelseiten 92 und 93:
1. Bilden von Verben aus Silben, Ausmalen der Silbenpaare in der gleichen Farbe, Schreiben der Verben
2. Bilden der Mehrzahl
3. Bilden von zusammengesetzten Substantiven durch Verbinden, Schreiben der Wörter

4 **Schreibe die Wörter zu den Bildern.**

Hannes und Amon gehen auf die Wiese hinter der  Schule. Dort steht ein großer  ________. Im  ________ hängt eine bunte  ________. Eine kleine  ________ hat darin ihr  ________ gebaut.

5 **Male ein Bild.**

Die Sonne scheint.
Auf der Wiese blühen
fünf bunte Blumen – eine gelbe,
eine blaue und drei rote.
Hinten sind zwei große Bäume.
Ein Vogel hat in einem Baum ein Nest gebaut.

6 **Schreibe eine kleine Geschichte.**

4. Ergänzen der Sätze
5. Malen zum Text
6. Freies Schreiben zum Bild mit der Lauttabelle

Sp	sp
Sp	sp

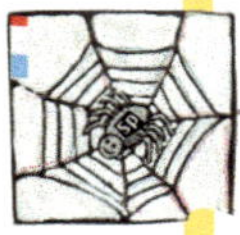

1

 ○ ○ spielen

 ○ ○ springen

 ○ ○ spülen

 ○ ○ speisen

 ○ ○ spuken

 ○ ○ spazieren

2

Spiegel	Spinne	Spiel	Spritze	Sport	Sparschwein

der	die	das

3

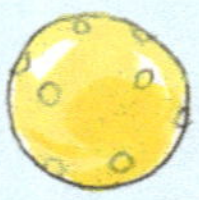 der gelbe Ball

 das Sportauto

 der Spiegel

 der Specht

 die Spange

Zu den Fibelseiten 94 und 95:
1. Verbinden der Bilder mit den richtigen Wörtern
2. Eintragen der Wörter in die Tabelle nach ihrem Artikel
3. Ergänzen der Wortgruppen mit passenden Adjektiven (Farben)

4

spielen	springen	spülen
ich	ich	ich
du	du	du
er	er	er

5

Fußball spielen — Ich spiele Fußball.

Seil springen

Geschirr spülen

6

Was spielen die Kinder?

Mia spielt mit

4. Schreiben der gebeugten Verben
5. Schreiben von kurzen *Ich*-Sätzen
6. Beantworten der Frage mit der Lauttabelle

nk

nk

1 Reime.

schenken	blinken	Anke
denken	hinken	Pranke
l	s	R
s	w	Schr

2 Setze ein.

trinken	winken	lenken
ich	ich	ich
er	er	er
wir	wir	wir

3 -e, -er, -es

krank		flink	
eine	Omi	eine	Maus
ein	Junge	ein	Fisch
ein	Mädchen	eine	Katze

Zu den Fibelseiten 96 und 97:
1. Ergänzen der Reimwörter
2. Schreiben der gebeugten Verben
3. Einsetzen der Adjektive mit den richtigen Endungen

4

 ○ ○ schminken

 ○ ○ winken

 ○ ○ trinken

 ○ ○ denken

 ○ ○ blinken

 ○ ○ lenken

5

Bank	linker	winken	~~spielen~~	trinkt	Krankenhaus

Die Kinder spielen auf dem Schulhof.

Amon fällt hin. Sein ________ Arm tut ihm sehr weh.

Amon setzt sich auf eine ________ . Amon ________ etwas. Die Lehrerin ruft seine Eltern an.

Amon muss ins ________ .

Die Kinder ________ .

6

Lies in der Fibel auf Seite 97 nach.
Was können die Kinder auf dem Schulhoffest machen?

____

____

4. Verbinden der Bilder mit den richtigen Wörtern
5. Ergänzen der Sätze
6. Lesen der Fibelseite 97, Beantworten der Frage

Pf	pf
Pf	*pf*

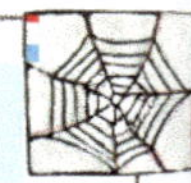

1

 ○ ○ der Topf

 ○ ○ der Kopf

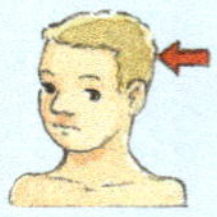 ○ ○ die Pfote

 ○ ○ die Pflaume

 ○ ○ das Pferd

 ○ ○ die Pflanze

2

Reime.

Topf	*Wipfel*	*hüpfen*
Kn	*G*	*kn*
Z	*Z*	*schl*

3

pflanzen | *pfeifen*

ich ____ | *ich* ____

du ____ | *du* ____

wir ____ | *wir* ____

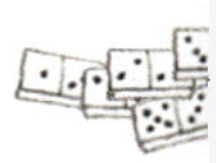

Zu den Fibelseiten 98 und 99:
1. Verbinden der Bilder mit den richtigen Wörtern
2. Ergänzen der Reimwörter
3. Bilden von Verben aus Silben, Ausmalen der Silbenpaare in der gleichen Farbe, Schreiben der Verben in der Infinitivform, Schreiben der gebeugten Verben

4 Setze zusammen.

Apfel Mantel Koch Pferde
Stall Topf Baum Knopf

______________________ ______________________

______________________ ______________________

5 Ergänze.

Pfirsich	tropfen	Pflanze	Pferd	pfeifen

Ein ______________ schmeckt süß.

Eine ______________ muss man gießen.

Auf einem ______________ kann man reiten.

Der Wasserhahn kann ______________ .

Mit einer Pfeife kann man ______________ .

6

links		rechts
	Links steht ein Blumentopf und eine Gießkanne mit einer Pflanze. Rechts liegen ein Pfirsich, eine Pflaume und drei Äpfel.	

4. Verbinden der Substantive zu Wörtern, Schreiben der zusammengesetzten Substantive
5. Ergänzen der Sätze
6. Malen zu den Sätzen, Beachten von *links* und *rechts*

Qu qu
Qu qu

1

	○	○ Quark		○	○ Quartett
	○	○ Qualle		○	○ Kaulquappe
	○	○ Quadrat		○	○ Quirl

2

Finde die Wörter.

Qualle
Quadrat
Quelle
Quark
Querflöte
Qualm

E	R	Q	U	A	L	L	E	P	T
Q	U	A	D	R	A	T	G	B	E
M	T	E	Q	U	E	L	L	E	W
H	D	R	U	W	B	N	M	K	F
W	T	I	A	U	Ü	K	J	H	R
G	Ä	G	L	W	Q	U	A	R	K
N	U	W	M	D	C	S	W	G	I
Q	U	E	R	F	L	Ö	T	E	S

3

quakt	*quieken*	*überqueren*	*qualmt*	*quietscht*

Der Schornstein ______________________ *stark.*

Eine Tür ______________________ *laut.*

Der Frosch ______________________ *am Teich.*

Die Schweine ______________________ *im Stall.*

Die Kinder ______________________ *die Straße.*

Zu den Fibelseiten 100 und 101:
1. Verbinden der Bilder mit den richtigen Wörtern
2. Einkreisen der versteckten Wörter mit *Qu*
3. Ergänzen der Sätze

4 Was bin ich?

In mir schwimmen Fische.  Ich bin ein Aquarium.

Aus mir wird ein Frosch.  Ich bin eine ______.

Ich werde aus Milch hergestellt.  Ich bin der ______.

Das Meer ist mein Zuhause.  Ich bin eine ______.

Ich bin ein Kartenspiel.  Ich bin ein ______.

5 Würfle und lies die Sätze.

⚀	Die Frösche	⚀	quaken im Teich.
⚁	Die Schornsteine	⚁	qualmen auf dem Dach.
⚂	Die Mütter	⚂	quatschen im Hof.
⚃	Die Türen	⚃	quietschen im Haus.
⚄	Die Kinder	⚄	quasseln in der Schule.
⚅	Die Schweine	⚅	quieken im Stall.

Schreibe die Quatsch-Sätze in dein Heft.

6 Erfinde eigene Quatsch-Sätze.

4. Schreiben der Rätsellösungen
5. Würfeln und Lesen der Quatschsätze, Schreiben der Quatschsätze ins Heft
6. Schreiben eigener Quatsch-Sätze

X x
X x

1

ein Mixer

mixen — *Der Mixer mixt* .

ein Boxer

______ ______ .

eine Hexe

______ ______ .

2

Lies in der Fibel auf Seite 103 nach. Beantworte die Fragen.

Was feiert Trixi?

______

Wie heißen ihre Hexenfreundinnen?

______

Was bekommt Trixi geschenkt?

______

3

Kreuze an. Tipp: Lies in einem Kinderlexikon nach.

Der Name Xylofon kommt aus dem Japanischen. ☐
Griechischen. ☐

Zu den Fibelseiten 102 und 103:
1. Ergänzen der Verben, Schreiben der Sätze
2. Beantworten der Fragen
3. Nachschlagen des Fremdwortes *Xylofon*, Ankreuzen der richtigen Aussage

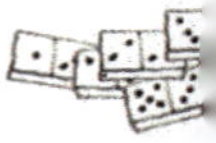

C	c
C	c

1 Beschrifte den Arbeitsplatz.

die Creme	der Computer	der Comic	die Cola	der Cent	die CD

2 Lies in der Fibel auf Seite 105 nach.
Beantworte die Fragen.

Was machen Amon, Tim und Romi?

Wer ist am Computer?

Was liest Nele?

Wo ist Mo?

Zu den Fibelseiten 104 und 105:
1. Beschriften der Illustration
2. Beantworten der Fragen

chs

chs

1

wachsen

ich ____________

er ____________

wir ____________

wechseln

ich ____________

er ____________

wir ____________

2

Löse die Rätsel.

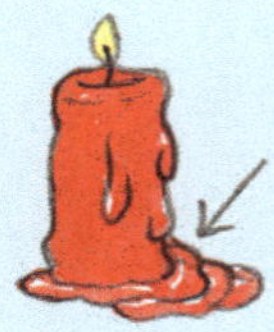

Wer hat rotes Fell?

Der ____________ hat ein rotes Fell.

Woraus besteht eine Kerze?

Die Kerze besteht aus ____________ .

Welche Zahl ist auf dem Würfel?

Die ____________ ist auf dem Würfel.

3

Lies in der Fibel auf Seite 107 nach.

Warum läuft der Dachs dem Fuchs nach?

Beantworte die Frage in deinem Heft.

Zu den Fibelseiten 106 und 107:
1. Schreiben der gebeugten Verben
2. Ergänzen der Antwortsätze
3. Beantworten der Frage im Heft

1 Verbinde.

 ○ ○ das Handy

 ○ ○ der Zylinder

 ○ ○ der Teddy

 ○ ○ die Pyramide

 ○ ○ das Baby

 ○ ○ der Yak

2 Löse das Kreuzworträtsel.

1 Darauf kann man reiten.
Es ist ein kleines Pferd.

2 Es ist ein Kuschelbär.

3 Es sind große Bauten in Ägypten.

4 Ein ganz kleines Kind nennt man so.

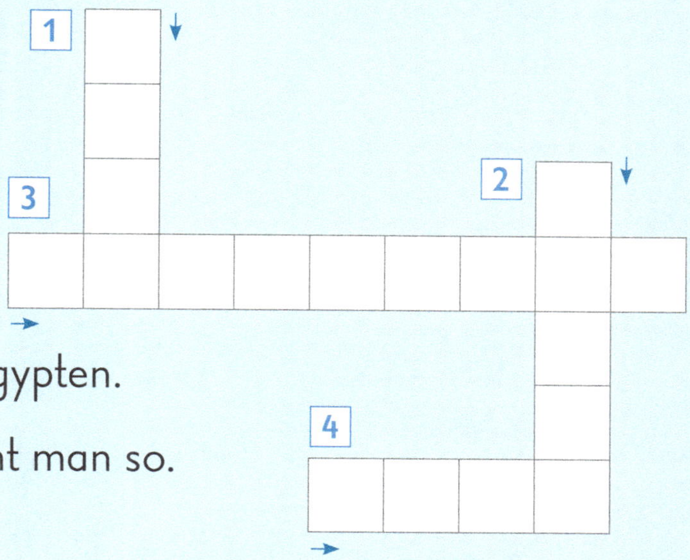

3 *Lies in der Fibel auf Seite 108 und 109 nach.*

Wer ist Yako?
Wo lebt Yako?
Was macht Yako?

Zu den Fibelseiten 108 und 109:
1. Verbinden der Bilder mit den richtigen Wörtern
2. Lösen des Kreuzworträtsels
3. Beantworten der Fragen

1

Sp	Pf	y	X	C	chs

der Fu

Bab

omputer

ylofon

inne

anne

2

quaken

ich

du

er

wir

ihr

denken

ich

du

er

wir

ihr

hüpfen

ich

du

er

wir

ihr

3

Lies und male.

Die Miezekatze
Punkt, Punkt, Komma, Strich,
fertig ist das Mondgesicht.
Und zwei spitze Ohren,
so wird sie geboren.
Ritze-ratze, ritze-ratze,
fertig ist die Miezekatze.

Zu den Fibelseiten 110 und 111:
1. Ergänzen der Wörter, Schreiben der passenden bestimmten Artikel
2. Schreiben der gebeugten Verben
3. Malen zum Text

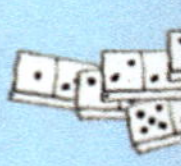

4

Lies in der Fibel auf den Seiten 94 bis 99 nach.
Kreuze an.

	richtig	falsch
Tim, Amon und Tilo spielen Dosenwerfen.	☐	☐
Amon hat den linken Arm in Gips.	☐	☐
Es gibt Pflanzen, die Fleisch fressen.	☐	☐

5

Lies in der Fibel auf den Seiten 101 bis 109 nach. Beantworte die Fragen.

Wer rutscht am Teich aus?

_______________________________________.

Wie heißt die Hexe, die Geburtstag feiert?

_______________________________________.

Welche beiden Tiere wissen nicht, was Freunde sind?

_______________________________________.

In welchem Land wohnt Yako?

_______________________________________.

6

Wie heißt dein Lieblingsbuch?

____

Schreibe in dein Heft, worum es geht.

4. Ankreuzen der Sätze mit *richtig* und *falsch*
5. Beantworten der Fragen
6. Beantworten der Frage, Schreiben ins Heft, worum es im Lieblingsbuch geht

hopp

M m

LESEURKUNDE
für
Du hast alle Buchstaben gelernt.
Jetzt kannst du lesen und schreiben.
TOLL!
Datum
Unterschrift der Eltern
Unterschrift des Lehrers